아니무스 아니무스

아니무스 아니무스

박희선 시집

고두미

□ 시인의 말

　해묵은 일기장을 꺼내든 느낌이다.

　어느 때부터인가 내가 나이에 집착하고 있다는 것을 알게 되었다. 아마도 수를 세어 가며, 흘러온 시간 앞에서 수년 전 써 놓은 일기가 아직도 오늘 이야기인 것 같아 숨이 막혔는지도 모르겠다. 내 시계가 고장이 나도 세상의 시간은 절대 느려지거나 멈추는 법이 없으니까.

　하지만 점점 분명해진다. 정확하진 않았을지라도 나는 나의 시간을 걸어왔다는 것. 그리고 여기서부터 다시 시계 초침처럼 뚜벅뚜벅 걸어가리라는 것.

2023년 9월
박희선

아니무스
아니무스 **차례**

제1부 서천 꽃밭 엄마에게

아니무스	13
찔레꽃 팔자	15
칠성부대	17
생일	18
쌀을 씻으며	20
풍경風磬	21
그리움 반나절	22
부끄러운 거다	23
딸을 안고	25
얼룩의 두 얼굴	26
엄마에게 가는 길	28
그림자	29
고추를 다듬으며	32

제2부 오래된 사랑니

스며든다, 흙물	35
대하大夏	36
손금이 말했다	37
산	38
장작 1	39
장작 2	40
그 시절 역마살	41
말라가는 마음에 물을 주며	43
빈집	44
나잇값 하는 신발	46
주마등	47
육지로 간다	48
오래된 사랑니	50

제3부 백련이 필 때

결혼기념일	___ 55
대지에 대한 예우	___ 56
하늘 농부	___ 58
곤포 사일리지	___ 60
흙의 발	___ 62
백련이 필 때	___ 64
할아버지 봄날	___ 66
눈, 주름을 펴다오	___ 68
사춘기 엄마	___ 70
커튼콜 박수	___ 72
거짓말	___ 73
노포맛집	___ 74

제4부 차도를 건너는 법

수심을 헤아리는 시간	___ 77
비	___ 78
겨울 야행夜行	___ 79
세탁기	___ 80
차도를 건너는 법	___ 82
조간신문	___ 83
시절 이야기	___ 84
녹아내리는 날	___ 85
가을 안개 그리고 철쭉	___ 86
정체의 순간	___ 88
누워서 가는 이사	___ 90
노랑나비	___ 92
일곱 번째 4월에게	___ 94
연설 도미노	___ 96
바나나 혀	___ 97
월동	___ 98

발문

정민 | 아니무스 아니무스, 뒤뚱거리며 땅을 밟고
가는 길 위의 주문 ___ 103

제1부

서천 꽃밭 엄마에게

아니무스*

나는 일곱 번째 딸도 아니었어
그저 외딸에 막내딸일 뿐이었어
엄마가 이만큼 고생하여 이만큼 왔으니
내가 저만큼 고생하여 저만큼 가야 하는 건 아니었지

그저 약수가 필요했어
죽음이 목전인 그에게 약수가 필요하다는 걸
그 누가 가르쳐 주지는 않았어
삼 년이 흐르고 아이 셋을 얻고 또 삼 년이 지나니
또 막다른 길이 있었지
그래도 한 방울 한 방울 또 삼 년 만에
약수를 구하기는 했어
죽었던 그가 구 년간 모은 약수 한 모금에
삼백예순 관절이 살아났지 뭐야

그 누구도 강요하지 않았어
내가 한 거야
저만큼 고생하여 이만큼 왔지

이만치에도 저만치에도
엄마는 없고 딸도 없지 뭐야

이제사 나는 오구신이 되어
서천 꽃밭 엄마에게 가야겠어

＊융(Jung, C.G)의 용어. 여성이 지니는 무의식적인 남성적 요소.

찔레꽃 팔자

오뉴월 밭고랑에
차고 넘치는 땀방울
팔자가 고약했다
기어이 비탈밭까지 따라붙은
아비 없는 딸내미는
고랑 끝나는 둔덕 뽀얀 찔레꽃 사이
그늘 밑에 넣어 두었다
아비도 지키지 못한 딸
가시 달린 그 안에 숨겨 둬야
어느 작은 들짐승도 해코지 못 할 것이었다
모질게도 밭을 매며 이랑이랑
가시 돋친 팔자를 묻어 두었다

찔레 덩굴이 아파요, 엄마
그래도 괜찮아요
뜨겁지도 않고 꽃 덩굴이잖아요

가시 박힌 손가락으로

길기도 긴 여름날
매고 또 맨 밭고랑은
참으로 정갈했다
염殮하는 날 파리한 그 입술도
평생 고집스럽게 정갈하고 고왔다
가시를 두르고 자란 딸은
찔레꽃처럼 뽀얗게
곱디고운 팔자를 가졌다
모진 호미질로 가시를 숨기려
온통 피멍이 든 속내는 그래도
하얀 꽃으로 아름다웠다

칠성부대

강원도는 먼 타향이고
화천은 더 먼 이국 같고
최전방 부대는 더 더 먼 세상이었다

발이 닳도록 뛰든 걷든 가고 싶지만
손이 닳도록 일해야 남은 두 자식을 거둘 수 있으니
엄마는 애가 닳는다

막내가 엄마 마음 꾹꾹 담아 부친 편지는
사나흘 걸려 큰아들에게 닿는다
또 열흘을 되걸어온 아들 소식에
홀어머니 걱정은 백날을 오가도
줄지 않았다

강원도 화천군 102부대에 자식을 보내고
밭일에 허리가 휜 어머니의 굽은 세상에는
오래 눈물 바람만 굽이쳤다

생일

엄마가 돌아가신 날
나는 딸을 낳았다

엄마를 잃은 몸은
온 혈관에 거센 물줄기가 요동쳤고
아이를 얻은 몸은
물길이 잦아들어 윤슬이 반짝였다
엄마의 자장가가
자장자장 잦아들면 요동도 잔잔해졌다

좋았다
아기가 옆에 있어서
슬펐다
엄마가 옆에 없어서
그래도 살았다
아이가 옆에 있어서

오늘 엄마는 떠나고

딸이 내게로 온 날이다
내 옆에 아무도 없던 날이 없었다는 게
눈물나게 감사한 날이다

쌀을 씻으며

부글부글 떠오르는 거품을 덜어 내고
손목 힘을 주어 쌀을 씻는다
내 배부르게 해 줄 밥을 지으려
한 톨 한 톨 흘려보내지 않으려 조심하며
쌀을 씻는다

뿌연 쌀뜨물을 덜어 내고
손목 힘도 반쯤 덜어 내고
내 배부르게 해주던 엄마 얼굴 지우려
맑은 물에 맑은 물에 자꾸자꾸
헹구어 낸다

물을 덜어 내고
손을 풀어도
내 뱃속에 부글부글 차오르는 엄마 얼굴
헹귀도 헹귀도
내 눈에 뿌연 쌀뜨물

풍경風磬

종일 땡볕에
벌겋게 달아올라도
얼굴 붉혀
화내지 않고
걱정스레 기다린
바람이 제멋대로
조금 느리게
조금 빠르게
몸을 흔들어도
늘 같은
포근한 소리를 내어 주네

처마 끝
가장 밖에
마중 나와 있는
우리 엄마

그리움 반나절

막내가 학교에서 선생님 꾸중을 듣던 그 순간
엄마가 너무너무 보고 싶었다고
아들이 불쑥 던진 그리움 한 덩이가
명치에 걸렸다
아들의 그리움은

반나절 만에 엄마를 만나
그리움이 아닌 게 되었다

정작 그리운 이는 꿈에도 보이지 않는다
어느 바람도 내게 닿지 않을 때
찬란한 봄볕 눈물이 아지랑이로 피어날 때
그의 세계로 가고 싶어도
내 그리움은 온종일
단단하게 오래 묶여 있다

부끄러운 거다

처음 제주도에 간다고
빨알간 점퍼를 사 입고 찍은 엄마 사진이
화장대 한편에 세상 발랄하게 걸려 있다

별의별 낯빛으로
사진 속 엄마와 눈이 마주쳐도
먼저 가신 엄마가 보고파
매일 서럽게 눈물이 나는 건 아니다
무심한 날이 부지기수다

유난히 눈을 맞출 수 없어
사진을 돌려놓을 때가 있다
부끄러운 거다
밖에서 묻히고 들어온
찌든 것들을 씻어 냈는데도
부끄러운 거다
텅빈 눈으로
세상 밝은 엄마를 보는 게

부끄러운 거다

제주도 푸른 바다도 같이 못 간 딸이
지치고 지친 흙빛 얼굴을 보이는 건
부끄러운 거다

딸을 안고

품에 안은 딸 때문에
참 따뜻하다
잠든 딸아이의 허리를 휘감으면
내 품에 쏘옥 안겨
꽉 들어찬 온기가 참 따뜻하다
새근새근 콧바람에서 나온 기온이
가슴팍을 파고들어 참 포근하다
뒤척이며 내 허리에 올린
아이의 다리 무게가
견딜 만큼 무거워
참 고맙다
온몸이 따뜻해질 때
내 가슴에 들리는
고맙다는 울 엄마 목소리가
단잠을 재워 준다
나도 엄마가 있다

얼룩의 두 얼굴

 초등학생 아들은 저물녘 온몸에 노을을 담아 들어온다. 무서운 시절이라고 일러두어도 자기 세상 전부를 옷가지에 묻혀 온다. 맛난 급식을 먹다가, 수업시간 크레파스로 그림을 그리다가, 놀이터에서 뒹굴다가, 집으로 돌아오기 전 못내 아쉬워 편의점에서 친구와 컵라면을 나눠 먹다가도 얼룩을 남긴다. 아들 옷에서 하루가 발그레 들통난다.

 오늘도 나의 하루는 어디에도 얼룩을 남길 수 없다. 옷은 깨끗하고 단정해야 한다. 어느새 코앞까지 걸어온 가을 바람에, 걸음을 멈추라는 낙엽에, 퇴근길 길게 드리워준 노을에도 선불리 옷자락을 내주어서는 안 된다. 생각을 들키고 싶지 않다.

 종일 노을 진 아들 옷과 투명한 나의 옷을 세탁한다. 거품 속에서 아들은 수많은 이야기를 조잘거리고 나는 괜찮아, 괜찮아. 더 깨끗해질 거라고 이야기한다. 뽀얀 내복을 입고 잠들어 노을빛 꿈을 꾸는 아들

아들아, 엄마는 오늘도 모질게 얼룩진 슬픔이 있었단다

엄마에게 가는 길

노을 지던 엄마를 찬란하게 기억하며 눈이 부셨다
눈이 부시면 눈물이 난다

언덕을 넘어 집으로 가는 길
숨이 차다 마주한 언덕바지에서 또 눈이 부셨다
엄마에게 가는 길은 언제나 언덕이 높아
하늘이 마중 나오고
구름도 몇 조각
때론 달빛도 서성인다
엄마에게 가는 길이 너무 늦어버린 날
서둘러 먼저 오른 마음이
끝끝내 집에 닿지 못하고
발갛게 눈시울만 붉히던 하늘

엄마에게 가는 길은 언덕이어서
노을이 찬란하고
눈이 부시고
눈물이 나고

그림자

어머니,
세상을 비추는 저 태양의 잣대가
나를 거대하게 부풀리거나
바닥에 들러붙는 왜소한
자국 정도로만 만들지라도
결코 그늘로 숨지는 않으려고요
그늘 속으로 숨어
형체도 없이 살고 싶진 않아요
태양의 잣대가 늘 공평하여
키와 덩치가 큰 이는 크게 작은 이는 작게
고스란히 드리워 준다 하여도
마음이 큰 이와 작은 이는 어찌 비춰 줄까요

아홉 살 너와 나, 우리는
종일 땡볕이 무겁지 않았어요
집으로 돌아오는 길에 너와 나, 우리의 긴
그림자를 앞세우며 한 척이나 키가 커진 모습에 뿌듯했지요

내가 너의 큰 키를 밀어내도 네가 나의 큰 키를 당겨도 우리는 서로 화나거나 아프지 않았어요.
열아홉 살 종일 학교에 갇혀 있던 너와 나, 우리는
가로등과 가로등을 지나 무거운 가방을 지고 집으로 돌아갔어요
가로등을 나란히 걷는, 뾰족했다가도 금세 뭉뚝해지는 너와 나, 우리의 그림자는
하나도 무겁지 않아 내일은 더 가벼울 거라며 웃었어요
스물아홉, 서른아홉, 마흔아홉…… 너와 나, 우리는
나란히 걷지도 못한 채
그늘이면 섞이고 싶고 묻히고 싶은 날이 많아요
내 그림자가 스스로 공평하지 않다고 언쟁하는 날이 많아지는 나날
속을 뒤집어 보인다고 달리 보이는 것도 아니라고 태양을 인정하고 싶지 않은 날들
그리하여도

그늘 속으로 숨어

형체도 없이 살지는 않으려고요
어머니

고추를 다듬으며

볕 좋은 가을날 마당 가득 말린 붉은 고추를 손보았습니다.

여름내 햇볕을 먹은 고추를 보는 것만으로도 어머니는 배가 부르다고 하십니다. 고추를 가리는 동안 저는 성가신 햇볕에 얼굴을 그을리지 않으려고 자꾸 해를 등지고 앉습니다. 어머니는 그냥 볕을 마주하십니다. 나이가 들면 온몸으로 볕을 쬐는 게 좋아진다고 하십니다. 어느새 어머니는 잎이 바랜 여윈 나무가 되어 제게 그늘을 만들어 주십니다. 기우는 해를 따라 조금씩 조금씩 자리를 옮기면 어머니는 그 볕을 맞아 하나씩 하나씩 당신 몸으로 가져가십니다. 어머니를 한 걸음 한 걸음 따르던 해는 마지막 걸음으로 하늘에 남아 붉게 여물어 갑니다.

등 뒤의 노을과 자루 가득한 고추와 제게 그늘을 주신 어머니의 마음이 온통 붉어서 저는 추운 겨울도 거뜬할 것입니다.

제2부

오래된 사랑니

스며든다, 흙물

술잔 위에 동동 떠 발이 가볍다고
세상에 헛발을 딛는 듯 아득해 하던 아버지
논바닥에 쑤셔 박힌 아버지를 끌어내던 날
빨아도 빨아도 지워지지 않을 눈물이
진흙이 되어 부적처럼 얼룩졌다

비 오는, 발이 무거운 날
아무리 굽 높은 구두로 뾰족하게 걸어도
바지 밑단을 잡고 늘어지는 흙탕물

햇살이 뿌리내려
논에 벼가 영글고
논바닥이 말라비틀어져도
비만 오면
내 몸속엔 눈물이 꾸역꾸역 스며들어
터질 듯 터질 듯 팽창하는 몸뚱아리
진흙을 삼킨 지렁이마냥
심하게 꿈틀거린다

대하大夏

아버지 이름은
대大자 하夏자
용하다는 이름쟁이한테서 얻은 것이다

아버지 어깨에 내려
발끝에 드러눕는 오뉴월 땡볕은
겨우 진 지게에
한 다발의 더위를 더 얹으며
이름보다 몇 곱 더 기승을 부린다

저만치 선 앞산이
해를 삼키고 달을 토해낼 즈음
막걸리 서너 잔에
마루에 큰 대大 자로 누운 아버지
차가운 달빛마저 이름만큼 무더운지
온몸에서
불그스레 여름夏이 뿜어진다

손금이 말했다

손금이 말했다
우여곡절이 많았고
시집은 갔고
오래는 살겠어

손금이 말했다
돈벼락은 없어
유령이 다리가 없듯이
실체 없는 그런 건 없어

손금이 말했다
길 위에 있을 때만 미래가 있어
불안하지만 어떻게든 걸어가는 거야

손바닥에서 내려가
땅을 밟고 걸어가
뒤뚱거려도 땅을 밟고

산
― 오탁번의 「아버지와 치악산雉岳山」을 읽고

내 몸속에 자란 콩알만 한 종양에
암세포가 커간다는 진단이 내려졌다

껄껄, 아버지 웃음이 앞산을 가리고
어험, 헛기침이 산꼭대기에 오를 때
내 몸속엔 깨알만 한 종양도 없었다

아버지 헛기침이 산등성을 나뒹구는
쇠한 소리를 내던 그날 밤
앞산은 어둠보다 멀리 있었고,
아버지 손에 쥐어진
농약병을 훔쳐본 새벽에야
산은 저 멀리서 내 몸속으로 도망쳤다
내 몸속 암세포는
내게 들어온 산인가 보다

장작 1

　시골 할머니 집 헛간엔 내 나이보다 오래된 장작이 빼곡히 쌓여 있다. 할머니 한창때 돈 주고 사 놓은 장작이 햇볕 하나 들지 않는 헛간 구석에서 쩍쩍 벌어지는 어깨를 하고 있다. 구들장도 기름보일러, 화덕도 가스레인지인 할머니 집에 손녀보다 오래 동거하는 장작은 먼지가 쌓이고, 마른 버섯이 피어도 제집을 잘도 지키고 있어 시골에 올 때마다 한 바퀴 휘돌아 안부를 묻게 한다. 할머니 얘기로 저 장작이 당신 삼우제三虞祭 또 몇 날 며칠을 불 밝히며 저승길 같이 갈 동무라고, 아들을 앞세웠을 때도 내주지 않던 장작이 당신 황천黃泉길 길잡이라고

　　희미한 초점 속으로 사라지는 할머니 풍경이
　　의식을 혼탁하게 했을 때
　　이때 기억을 지켜주는 무기는
　　묘하게도 헛간 자리를 확고히 지키는 장작이다
　　활활 타오르며 할머니 뒤를 밝히고
　　길 잃고 오돌오돌 떨며 헤매는 기억을 데려다
　　감싸 안는다

장작 2

 마른 버섯이 피도록 오래 시골집과 동거하던 장작이 동네 장정들 손에 이끌려 처음 나오던 날. 세상 구경도 하기 전에 저승길 동무가 되어 주었다. 초가을 태풍은 오락가락해도 화톳불 호령은 비를 몰아내는지 삼우제까지는 저리 비껴갔다. 다비식을 치르듯 타오르는 장작불 뒤로 할머니 풍경이 흔들리고, 체하도록 삼킨 눈물 속 눈에서 모여든 상여꾼 어깨가 출렁인다. 오래 곁에 두어서 발길 뗄 수 없는 곳, 그 헛간 속 장작이 이제 그만 기억을 가지고 간다

 쩍 벌어진 어깨로
 덩실덩실 앞서가며
 모셔 간다
 타 오른다

그 시절 역마살

바가지도 팔고 좀약도 팔고
그러다 보면 이야기도 팔고
사연도 팔았을 것이다
또 그리하다 보면
추억을 사고 인생도 샀을 것인데

싸다니는 팔자를 달아매고
논두렁에 발을 묶어
흙도 팔고 사고
인생도 사고 지으려 했지만
결국 술도가에 코가 빠지는
신세가 되고 말았다

지금이야
이리저리 떠도는 인생이
삶이 되고 직업이 되고
밥도 되는 세상인데
바람 타는 장꾼 같은 아들의

그 시절 역마살은
엄니의 평생 풀지 못한 적울이었다

말라가는 마음에 물을 주며

밥 반 그릇도 버거워 남기던
아버지의 밥숟가락이 소복이 커졌을 때
어린 내 마음이 절로 흐뭇했다
뱃구레가 커지면 살림도 덩달아 커질 일이었으니

하지만
흐뭇한 날은 오래가지 못하고
계절이 거듭 바뀌어도
더 큰 꽃이 피거나 더 큰 열매가 영글지 않았다

의젓한 기대는
봄날 목련처럼 떨구어졌고
비들비들 말라가는 마음에 물을 주며
또 다짐했다
더이상 어리지 않은
내 숟가락을 키워 보겠다고

빈집

시골집
마당에 잡초가 무성하다
추억 없이 자란 풀들이
발목을 휘감다 놓아버린다
주인이 종일 밟아주지 못한 땅이
고개를 들고 일어나
잘근거리면
홀로 덩그런 집
삭아가는 뼈대들이
앓는 소리를 낸다
밖으로 고개 내민
툇마루 재떨이에는
늘 재가 담겨 있으니
담배가 벗이던 주인 노인네
설은 땅 다지지도 못하면서
왔다 갔다 속 끓는 담배만
피워 댔는가 보다

아직 못 떠났는가 보다

나잇값 하는 신발

어릴 적 장날, 읍내에서 운동화를 사면
꼭 한 치수는 큰 걸 사야 했다
한 치는 넉넉해야 하는 마음
한두 살은 더 어른스러워야 했기에
자주 나잇값 못 하고 헐떡이며 넘어지곤 했다
그래도 남아도는 속이 깊었다

이제 더는 자랄 일이 없는 발이기에
철마다 바꿔 신을 꼭 맞는 신발을 산다
속 좁을 필요도 넉넉할 필요도 없는
그저 그런 값어치만 하면 된다

주마등

제발 촛불을 꺼 주세요

나를 채근하는 일이 많은 오늘, 오늘입니다

나를 몰아 여기까지 왔습니다
피웠던 꽃잎을 갈피 어디쯤에 순간순간 새기며 흘러도 왔을 텐데
굳이 채근하듯 몰이하지는 말아 주세요

봄날 봄꽃을 노래하지 못하고
철 지난 노래를 반복 재생해서 듣고만 있기에는
주마등 채찍질은 더 덧없습니다

경로를 재탐색합니다

촛불을 끄고 오늘 경로에 꽃잎을 새겨 넣으렵니다

육지로 간다

한몸인 듯 일렁이며 파도를 이끄는
저 거구의 바다도 수심에서는 각자
제 물길을 가지고
육지로 간다
온갖 물줄기들이 엉켜 밀리고 밀며
앞선 파도에 휩쓸리더라도
육지로 간다
모래톱에 닿아 본 후에야 하얗게
물거품을 토해 내고 되돌아가곤 한다

저 스스로 다른 물길을 내어
끊임없이 찾아들고 찾아가는 곳
내가 닿고 싶은 육지는
내가 결코 머물 수 없는 곳이지만
바다가 결코 한몸으로 닿을 수 없는 곳
제 물길을 내어 끊임없이 가야만 하는
검푸른 파도에 할퀴면서도
내 물길로 꼭 한번은 닿고 싶은 곳

그곳 육지에 닿을 거다

오래된 사랑니

사랑니를 앓고 있는 게 분명하다

낮술에 왼쪽 볼이 발그레 달아오른다
오른쪽 볼은 제 살이 씹히는 줄도 모르고
실없는 소리에 안주를 곱씹는다

반백 년 쉼 없이 잘근잘근 찍고 갈아 내던 이가
아팠던 날이 겨우 하루이틀이었을까
그때마다 덜 자란 유치가 제때 빠지지 않아 그렇다고 스스로 진단했다
자라고 있는 영구치니 잘 달래서 키우겠다고 우기고 버티기도 했다
지금은 분명 사랑니라 말한다

있어도 그만 없어도 그만인 사랑니, 발치하면 그만이라 하겠지만
들춰 내 아프고 싶지 않은 아직 하지 못한 말이다
영글지 못한 서툰 이야기다

유치도 아닌 사랑니 빠진 곳에 새 이가 나지는 않을 것이다

영구치가 아닌 자리에 새 이를 해 넣지도 않을 것이다

사랑니가 빠지면 상처가 아물며 시를 쓰겠지

새살 나는 간지러운 마음 정도는 고스란히 자라나겠지

제3부

백련이 필 때

결혼 기념일

우리는 작은 계곡이었지
그날, 우리가 서로 만나
강이 되었을 때
물결도 서툴렀지
때론 거센 물결이 되어
강둑을 넘보기도 했지만
이제 우리는 제법 깊어졌지
조금 더 조용하게
조금 더 흔들리지 않게
물고기들이 뛰노는
강심을 지키지

대지에 대한 예우

그는 예의를 지키며 사는 사람입니다
논밭에 늘 허리를 굽히며 사는 사람입니다. 잠시라도 허리를 펼라치면 고된 신음과 심호흡을 해야 합니다. 그것도 잠시, 금세 코를 박으며 다시 공손해지기 일쑤입니다. 검게 그은 얼굴로 연신 굽실거리는 그가 남부끄럽습니다. 뽀얀 살결의 하늘에 낯뜨겁고 푸른 치맛자락의 산천에 기가 죽습니다. 저는 농부의 아내는 되기 싫어 가끔 시골에 들를 때는 뽀오얀 화장에 푸르른 치맛자락을 휘두르며 갑니다

어릴 적 대지를 마주하던
아버지의 예의를 보았습니다
어머니의 예의를 보았습니다
그리고 지금
남편의 예의를 봅니다

그는 농사를 짓기 위해 예의를 지키는 사람입니다
굽혀진 허리만큼 펴질 줄 모르는 살림이 야속한데 내게는 처연한, 허리를 펴는 남편의 저 뽀얗고 푸른 웃음이 하

늘을 품고 산천을 노닐고 있습니다. 벼이삭을 대할 때면 살 굿살굿 더 고개를 숙이고는 합니다. 허리는 굽혀도 마음은 굽히지 않는 사람입니다. 하늘을 마주하고 산천을 품은 대지를 대할 때면 여지없이 몸에 밴 예의로 허리를 굽힙니다

아버지가 그립고
어머니가 그리워
저는 고개를 숙입니다

하늘 농부

농부가 고추를 따는 날이다
불볕에 제대로 영근 고추를
오늘은 꼭 따야 한다
소낙비 쏟아붓는다
낭패다

농부는 논둑에 물꼬를 트러 간다
소낙비에 대책 없이 붇는 물은
얼른 숨구멍을 터주어야 한다
여기저기 물이 붇는다
일하기는 글렀다

농부는 트랙터를 옮긴다
비 소식이 없을 줄 알고 노지에 부려 놓은 농기계를
평지로 내려놔야 한다
옷자락이 흙범벅이다
집에 가서 파전에 막걸리나 먹어야겠다

농부는 마당 개집에 비닐을 얹어 준다
더위도 못 피하는 집 비라도 면하게
비닐 한 자락은 챙겨 줘야 한다
제 옷은 물먹은 솜이다
낮잠이나 늘어지게 자면 된다

농부가 집에 들어서며 아내를 맞는다
계획보다 날씨가 하루를 좌지우지하니
아내의 기분 날씨도 눈치껏 살펴야 한다
뿔이 나 있다
허허 한번 웃어주자

소낙비에 유난히 일찍 날이 진 여름날
내일은 고추를 딸 수 있겠지
하늘님,
하늘님이 주시는 날로
농부의 날은 희로애락 살아갑니다

곤포 사일리지*

멀리서 보면 마시멜로 같은, 저것은 달금한 날이 있었을까?

추수 때까지 흘린 땀방울만큼 삼켰을 눈물 또한
저 거대한 마시멜로 정도는 됐을 것이다
빈 논에 부려져 낮과 밤을 하얗게 지새운다

분을 못 이겨 하얗게 잊으려고
겨우내 눈이라도 오면 쌓였던 울분을 같이 녹일 것이다.

이듬해 봄이면 어느 축사에 든든한 사료가 되고
소들과 또 다른 혹한을 겪게 되더라도
쭉정이까지 다 거두어 줄 것이다

모두가 쓸쓸한 울분이었다
무탈해 보이지만 몇 계절씩은 혹한이었다

*볏집, 보릿짚 따위를 비닐로 밀봉 저장 후 발효시킨 것. 생긴 모양이 마시멜로와 비슷하여 초대형 마시멜로라는 별칭이 있음. 겨울철 논에서 흔히 볼 수 있음.

흙의 발

한 줌 밭 흙에 눈물을 적셔 빚어진 그는
한 발은 콘크리트에 얹고
한 발은 논배미에 담근 채

내 몸의 쓰임은 버거운데 내 마음은 그렇지 않다 한다
내 몸의 쓰임이 헛되다 하는데 내 마음은 허투루 하지 않았다고 한다

제멋대로 휘는 철근 같은 무릎을 고이고
진흙에 앓고 있는 허리를 고쳐 숙이고
세로로 내리는 비를 가로로 맞고 있다

어미가 나를 잘 키워 도회지에 아주심기 하여 활착하길 바랐으나
흙으로 빚어진 나는 모아 놓은 마음이 눈물로 가득하다고 한다

출근길에 주운 부푼 구름을 주머니에 넣어도 금세 빗물

이 되고 만다는
　그의 발은 논물에 깊이 박혀 나락을 패게 해야 했다

백련이 필 때

뻘밭에 고상한 연잎이 뜨고
백련이 피어오르면
그대의 물질이 더 거세지겠지요
뻘에 뿌리를 내렸지만
상체를 드러낸 그대의 모습은 자못 건장합니다
백련처럼 곱지는 않지만 늠름한 장군의 기개가 보입니다
누가 알까요
뻘밭 연지에 뿌리내리기 전 그대의 다리가 끊임없이
끊임없이 자맥질해야 한다는 것을
그 자맥질이 힘에 부쳐 건장한 어깨가 내려앉을 때쯤
연잎은 매끈하게 물기를 털어내고
백련은 고운 꽃봉오리를 찬란하게 터뜨린다는 것을
그 누가 알겠나요
오래 지켜보는 저는 백련이 터질 새벽 녘
눈물을 떨구어냅니다

저는
당신의 자맥질로

매끈한 연잎을 틔우고
그대의 폭염이 짙어지면
아찔하게 백련으로 터집니다

할아버지 봄날

리어카에 참꽃 어사화를 씌우고
산길을 내려오는 할아버지

내리막길에 가마를 멈추고
신발 벗어 털어 내고
털썩 주저앉아 피워 내는
몽롱한 담배 한 모금
주저 없이 오른 길
내려오는 일은 급할 것이 없어
아지랑이 아련하게 금의환향

집으로 돌아가려
구름구름 굴러가는 발길에
저 참꽃이 할머니 손에 쥐어질지
사진 언저리에 놓일지
화전 지짐이 구워질지
설레고 설렌 봄날 산등성
듬성듬성 분홍빛이 걸어온다

낮게 부는 바람
느리게 내리는 볕
할아버지 봄날에 꽃 리어카는
팔십 리를 가고 백 리도 가고

눈, 주름을 펴다오

눈이 녹아드는 대청호
아이는 낚싯대를 드리운다
산을 내려온 어둠도
호수에 깊이 발을 들였는데
아버지 신을 신고 온 아이의 발은
신발 안에서 늘 헛돌고 있다

아버지 고향 지붕에
낚싯줄을 드리웠으니
그놈 묵직해
거구의 몸을 낚을 수 있을는지
떠밀리던 물살이 구겨지다가
눈발에 닿아
엷게 펴진다

아이는 여민 품속으로
스며드는 눈발을
한 두름 길게 엮어

집으로 돌아간다

세상의 잔주름을 펼 수 있도록

사춘기 엄마

괜한 노여움이 많아지는 날
겨우 나의 말 한마디에 눈을 흘기는 딸을 보면서
한 번도 사랑 없는 눈으로 너희를 본 적 없는 나인데
그렇게 같잖게 흘기나 싶어 화가 난다

그러하다면
무심하던 너희들의 눈동자를 기억하며
문 앞에 있는 큰딸의 가방을 방 귀퉁이에 숨겨 두었다
작은딸의 교복 셔츠 자락 실밥을 길게 풀어 놓았다
막내아들의 신발 끈을 너저분하게 늘어뜨려 놨다

곧 달려오겠지
사랑 가득한 내 눈에 무심하다 원망하는 눈빛으로

매일 수십 번씩 곱씹던 아이들의 사랑은
머리가 커지고 몸집은 더 커지면서
조건이 많아 까다로워졌고
가족끼리 그러는 거 아니라는

옹졸한 말이 되었다

커튼콜 박수

어설프기만 했던 공연이 끝나고
커튼콜 박수가 쏟아졌다
그 공연은 커튼콜이 가장 완벽했다

커튼콜에 아낌없이 박수를 주고
생을 마감할 때쯤 화해의 눈물을 보이고
떠나는 길에 함께여서 행복했다고 말한다

공연은 지루했고
삶은 각자의 몫이었고
이별은 그저 인사치레였다

저마다의 커튼콜에 박수를 보낼 뿐

거짓말

초등학교 시절 썼던 일기는 이야기가 덧쓰여졌고
중고등학교 때 상을 받던 산문엔 깨달음이 담겼고
성인이 된 후의 SNS는 적당히 화려했다

지옥이 어딘지 모르겠으나
여기가 지옥인가 싶었던 때
매번 지금이 지옥이었던 건 알겠다

나만 보는 일기장에 거짓이 벗겨지고
남들 보여주는 SNS가 소박해지면
지금이 천국일 수 있을까?

노포맛집

미원면 어암리 방마루
1일 1단골손님만 받는 맛집
더러는 단골손님 따라온 불알친구
직장 친구까지는 단골인 셈

단골손님 올 때마다
실금실금 웃던 뚝배기도
이제는 주름이 가득해
언제 파안대소하며 터져 버려도
폭죽 터지는 축제

꼬이던 배알머리도
밥상 한 상 먹고 나면
더 가든해지는
노모 손끝에서 녹는 입맛이 춤을 추는
노포맛집

제4부

차도를 건너는 법

수심을 헤아리는 시간

지친 하루를 보낸 날이면 유독 빠른 걸음으로 명암방죽을 걷는다. 빠르게 잊고 별거 아닌 밤을 보내기에 이보다 제격인 게 없다. 정신없이 뒤엉킨 걸음을 붙잡고 문득 저수지가

내 수심水深을 들여다봐

대답을 기다리듯 까만 눈을 껌벅이는 것 같아 점점 느린 걸음으로 깊이도 가늠이 안 되는 물을 마주한다

처음 수심을 가늠해 보는 밤

그저 까만 눈을 마주하고 멈춰 선 시간. 가로등 불빛도 상가 네온사인도 덩달아 저수지 깊이를 들여다보려 잔물결 사이를 파고든다. 밤길 걷던 생각이 멈추고 짙은 저수지에 담긴 네온불빛을 건져 올릴 때까지 거기서 깊어진다

한번씩 멈춰서 수심愁心을 헤아려 주면 다 별거 아니게 된다

비

대낮의 어둠
공기 사이 빛을 미세한 물방울들이 차단했다
그 틈으로 질주하는 차들의 경음기 소리는
천둥처럼 더 큰 비를 몰고 와 세상엔 어둠이 잦아든다
낮게만 낮게만 하늘도 낮아져
좀 더 어두운 틈으로 비켜서라고 커지는 천둥소리
간간히 검은 타이어로 물벼락 세례를 내리면
달아나지 못한 죄로 얼룩을 남기는 몰골이 되고 만다

경음기 소리에 몰려든
물방울과 물방울을 구별할 수 없다
세상을 조각내고 내 발길을 차단하는
각각의 덩어리를 알 수 없다
단지 물방울들이 하나가 되어
앞을 볼 수 없을 만큼 한차례 소나기를 뿌릴 때
대책 없이 흠뻑 젖거나
경음기 소리에 차도 밖으로 밀려
좀 더 멀리 물러서는 일밖에 할 수 없다

겨울 야행夜行

날이 저물면서 세상이 키를 낮추면 거리로 나서지. 천정을 머리에 인 듯 불편스런 거리. 괜스레 분주한 듯 주머니에 손을 찌르며 기억을 뒤적이다 주머니에서 나온 추억으로 붕어빵을 사 먹기도 해. 거리에서 낡은 붕어를 내장째 삼키면 입가에 작은 불이 피워지기도 하지. 칼날 같은 바람에 베인 땅거죽이 불끈 일어나 내 따귀를 내려치기 이전에는.

세상의 키가 더는 자라지 않고 앉은뱅이가 될 때쯤 붕어빵이 나를 삼키는 건지 내가 붕어에게 먹히는 건지 붕어 갈비뼈에 신경을 찔리며 헤매는 거리. 아무리 분주하게 주머니를 휘저어도 손아귀에 쥐어지는 동전 몇 개의 낭패감, 배신감. 정녕 내 기억이 이렇듯 값싼 것들이었는가. 낡은 구두 밑창에 밟히는 추억들, 차가운 바람에 헹군 옷자락 끝에 매달린 스물세 살, 숨을 세 살, 숨을 세상*.

세상의 키가 불쑥 자라고, 붕어가 밀가루 반죽이 되고, 주머니가 두둑해지면 그만 내 숨통을 틔워 주지 그래.

＊이희중 「파랑도波浪島」 패러디.

세탁기

칠흑 같은 어둠을 옷에 덕지덕지 바르고 귀가한다
원통인 방안으로의 회귀
벗어 놓은 옷들이
제각기 주정하며 서로 엉킨다
따라 들어온 밤이
나부대기 시작한다

한바탕 헤엄치듯 방안을 돌다 보면
종일 묻히고 들어온 먼지가 털려져 나와
쌓이고 쌓여 언제고
방안을 가득 메어버릴 것만 같다
떠들던 옷들이 목이 조여오는지
자꾸 목을 헹군다

작동시킨 타이머에 맞춰
거푸 물로 씻고
기진맥진해진 옷들, 먼지 뭉치들
마지막 탈수가 끝나면

옅은 의식이 주정을 벗고
조금씩 제 모습을 드러낸다

똑똑 시계 초침 소리로 밤새
방 안 구석에 마지막 물을 고인 옷들은
자명종 소리에 일어나
아직 물먹은 어깨로
햇빛에 바짝 마르기 위해
원통에서 발을 뺀다

차도를 건너는 법

신호 대기하고 있는 차 앞으로
비둘기가 길을 건너고 있다

딸, 저 비둘기 이상하지 않니? 왜 여기로 건너가?
그럼 어디로 가요?
아니, 횡단보도가 있는데 왜 무단횡단하냐고!
비둘기가 그걸 어떻게 알아요. 그냥 건너는 거지.
그렇지, 쟤가 횡단보도로 건너는 게 더 웃기지.

웃겼다
비둘기는 날아서 어디든 가로지르든 세로로 가든 상관없을 텐데
굳이 차도를 걸어서 건너는 게 우스운 일이었다
걸어서 건너는 걸 당연하게 말하고 불법을 지적하는 내가
더 우스운 일이었다

내가 차도를 건너는 방법은 횡단보도가 유일하니까

조간신문

늘 하룻밤 늦게 도착하는
세상 이야기를 되짚으며
오늘도 잘 살아야
내일 새벽도
놀라지 않고 깨어나겠구나

오토바이처럼 덜컹거리는
다 알 것 같으면서도 모르겠는
하루를 시작한다

시절 이야기

깜빡깜빡 졸고 있는
가로등을 깨우며
겁먹은 길을 재촉했었다
종종걸음에 넘어지기도 하지만
저만치 보이는 우리 집이
하도 밝아서 새벽이
피곤한 줄 몰랐다

지금은
새벽길이
집보다 환한데
늘 발걸음이 아슬아슬하다
밝은 대낮에도
몸보다 마음이 먼저 넘어지곤 한다

녹아내리는 날

정성스레 써 내려가는 이력서가
좁은 창문 틈을 기어코
비집고 들어온
짠하게 눈부신 봄볕에
녹아 버리는 줄도 모른다
이 모 씨, 저 남자는
아지랭이 설렘에
정신이 알딸딸해지는지
가끔 고개를 들어
주문을 왼다
이 모 씨, 저 남자는
봄볕에 녹아
다리가 없어졌다
팔이 없어졌다
얼굴이 없어진다
심장이 녹아나는 줄도 모르고

가을 안개 그리고 철쭉

대문이 굳게 함구한 집 밖으로 밀려나
밤안개 자욱한 거리를 헤매고 있다
잡다한 생각이 마음을 긁어 대고
공원엔 피어야 할 계절을 잊어버린
제철 아닌 철쭉이 요사스럽다
공원에서 노동을 마친 사람들은
결국 모두 집으로 돌아가면서
각자 다른 골목을 택해 걸어가고
자신이 들어선 골목에
때아닌 철쭉이 피지는 않았을까
두렵기만 하다
밤이 짙어가도록 걷다 보면
안개 속에서 나는 여전히
안경을 끼고 있다
미망 속에서 길을 찾으려는
오랜 습관이 하등 가치 없는 시절인데
식구 중 누군가는 열쇠를 가졌을
집으로 돌아가는 골목

우리 집 대문에 심란한 철쭉이
마중 나와 있는 건 아닐까
차라리 안경을 벗고
눈뜬장님으로 귀가해 버리자

정체의 순간

도무지 풀릴 것 같지 않은 도로 상황
출근 시간을 목전에 둔 긴박함은
어제도 그제도 있었던 익숙한 일이건만
늘 불안의 연속이다
좀 더 일찍, 더더욱 일찍 재촉한 날도 정체는
어김없었고 시간은 늘 촉박했다

정체가 풀리는 시간은
포기를 하는 바로 그 순간이다
도무지가 아니라 이쯤에는 풀리게 돼 있다는
불안 속 계산된 안도
반복된 일상

정체를 벗어난 도로 위에는
바퀴의 날카로운 상흔들이 즐비하다
정체가 풀리고 급하게 출발한 것인지
여기서부터 정체여서 급하게 멈춰 선 것인지
시작이었는지 끝이었는지 알 수 없는 지점

정체한 이곳은
잠시 멈추라는 것인지
다시 시작하라는 것인지
지난한 날들은 오늘도 정체의 순간이다

누워서 가는 이사

죽기 전에 누울 일 없던 노송老松이
누워서 이사 간다
밧줄로 꽁꽁 묶여
흙덩이 신발 달랑 신고
맨몸으로 이사 간다

허락 없이도 제집을 얹혀살던 새들
둥치에 기대어 비바람 피했을 한철 풀잎도
뿌리를 엉기던 이웃도 두고
이사 간다

가는 곳이 무슨 팰리스, 궁전이라던데

기왕 누워서 온 이사
이참에 내리 자볼까 하면
링거 바늘도 찔러 주고
지주목도 대어 주고
기어이 눕지 말라 한다

발 뻗고 잘 수가 없다
눈을 감아도 떠도
별빛도 아닌 것이 사방에
촘촘히 박혀 있어 눈이 부시니

궁궐에서 얼굴이 누렇게 뜬다

노랑나비

저 바다는
너무 차가워서 발을 담글 수 없고
너무 깊어서 쳐다볼 수 없고
너무 멀어서 갈 수 없는
무서운 비밀의 주문이 걸려 있습니다
노랑나비는
저 바다 깊숙이 아이들을 데리고
제멋대로 침몰해 버린 저 배를 꺼내라고 합니다
재촉해 불러 보지만 아무도 들어주지 않습니다

날개가 젖는 줄도 모르고
찢기는 줄도 모르고
서러운 날갯짓을 한 지 1073일
되던 날
슬픔처럼 비가
내리던 날
배는 사악한 껍데기로 돌아왔습니다

노랑나비는 아이들의 가방을 만나고

명찰을 만나고
옷가지를 만났습니다
엄마를 찾는 목소리는 어디에도 없었습니다
환청으로 오는 슬픔만을 만났습니다

상처 난 날개로 배를 어루만지던
노랑나비는 내 어린아이들의 어깨에
살포시 앉았다 갑니다
토닥이다 갑니다
또다시 바다 위를 하염없이 헤매다
내 어린아이들을 어루만집니다

차갑지도 깊지도 멀지도 않은 그곳에서 결코
다시는 너희들을 제멋대로 잃지 않겠다고
아프게 하지 않겠다고 감싸 안습니다

노랑나비, 견뎌내고 있어 고맙습니다
잊지 않겠습니다

일곱 번째 4월에게

목련은 조각나 부유했고
벚꽃은 부서져 꽃비로 내렸다
조각난 가슴은 표류했고
먼 길 떠난 눈빛은 비에 젖었다

4월, 네가 데려간 꽃잎들은
급할 것도 욕심낼 것도 숨길 것도 없는
새잎을 온몸에 지닌 아이들이었다
4월 너는
잎보다 먼저 서둘러 꽃을 피우라 하더니
또 성급히 꽃잎들을 이별하게 하였다

목련 꽃잎이 흩날리고
꽃비가 바다에 닿아 처절할 때
4월 너에게
5월의 봄을,
짙푸른 수만 개의 잎이
나무를 일으키는 걸

보여주겠노라

연설 도미노

선거철만 되면 말주변도 재주라고 꽃을 피운다

거짓 프리허그로 모두를 품어보려 하겠지
족보에 올라 있는 이름이 나의 명예가 되는 시절이 아니라고 하면서도
이 씨, 정 씨, 윤 씨, 홍 씨 성을 가진 이들이 족보에 같은 이름을 올린다

죽음을 거침없이 이야기하는 단도 같은 말에 선동되기도 하고
고도의 기교에 묘하게 마음이 끌리기도 하지
자신 있는 언변에 잘 써준 연설문 따위는 차치하고
이 씨, 정 씨, 윤 씨, 홍 씨의 말에 족보들의 파동은
기착지도 없이 앙급하여 술렁인다

말의 도미노 역시 대한의 사탑을 무너뜨릴 수 있다는 것을 깔본 채
온갖 성씨들의 연설 재주가 만개한다

바나나 혀

뽀송한 속살을 빼낸 껍질의 흑막처럼
입에 단 세 치 혀를 나불댄 후에는
어김없이 까만 속내를 드러내고 말지
바나나 달금한 과육을 먹으려면
누구보다 빠르게 검은 가죽을 입어야 할 거야

월동

 월동을 할 수 있는 것이 있고 할 수 없는 것도 있다.
 하고 싶어도 할 수 없는 것이 있고 하기 싫어도 해야 하는 것도 있다.

 차가워도 참아라, 물을 덜 주어도 그것만으로 견디라 했다. 일조량은 신의 뜻이니 주는 만큼 받으라 하였다. 베란다 화분들은 내 집에 발이 묶여 고스란히 월동해야 했다. 내 영역의 식물은 내 뜻대로 따라야 한다. 발이 묶인 너희의 숙명이다.

 서늘하게 파리해진 화초들을 본, 어리고 여린 아이의 손에 숙명이 바뀐 날. 온실로 옮겨진 화초들은 축축 늘어지며 언 몸을 녹였다. 몇몇은 하루이틀 만에 뾰족 잎을 일으키고, 더러는 며칠 긴 잠을 자고 부스스 깨어나기도 했다. 또 몇은 한쪽 팔이 영영 짙푸른 잎이 되어 새파랗게 질려 죽어 버렸고 다른 팔은 여린 잎으로 겨우 손을 들어 생존을 알렸다. 통통했던 다육은 얼음을 머금은 만큼 물컹 맹탕이 되어 삭아 버렸다.

월동은 잔인했다. 스스로 이겨 내어 곱죽어도 겨울을 나라고 내몰렸던 식물은 타고난 제 생리를 무시당한 채 죽어 났다. 발이 묶여 피할 수 없는 처지라면 월동은
운명일까?
폭력일까?

발문

아니무스 아니무스, 뒤뚱거리며 땅을 밟고 가는 길 위의 주문

정민 | 문학평론가

아니무스.

단단하지도 물렁하지도 않은 이 말을 만난 건 여름에 막 들어섰을 때입니다. 조금은 낯설었지만 나타났다 사라지는 소리의 느낌이 좋았습니다. 목구멍에서 둥글게 시작된 숨이 '아'에서 '니'로 이어지며 가늘고 납작하게 펴지고, '무'에서 두 입술이 살짝 닿았다가 둥글게 떨어지면서 '스'로 이어져 입술이 나뭇잎처럼 양 옆으로 가늘게 펴집니다. 이때 혀끝과 이 사이로 피리 소리인 양 가늘고 고른 소리가 퍼져 나와서 공중으로 사라집니다. 풀피리의 식물성보다는 낮고 첼로의 금속성보다는 가볍습니다.

아니무스, 어떤 숨의 소리로 들렸습니다. 소리에 이끌려 두 번 세 번 웅얼거리다 보니 무슨 주문呪文처럼 입에 붙었습니다. 시인들이 모인 자리에서 투명한 술잔을 들고 허공을 향해 ── ──, 초록 짙은 잎사귀에 떨어지는 빗소리에 귀를 대고 ── ──, 산과 하늘의 경계가 희미해지는 저녁 어둠 속에 떠오르는 그리운 얼굴들을 향해 "아니무스, 아니무스" 웅얼거리며 한 계절을 지나왔습니다. 그러고도 다른 계절의 끝에 와서야 나는 이 글의 첫 문장을 쓸 수 있었습니다.

주문은 기도의 한 형식이지요. 기도는 간절한 마음의 표현입니다. 그대가 보내 온 오십여 편의 시를 대하며 나도 모르는 사이에 나는 "아니무스 아니무스" 되뇌고 있습니다. 시들이 기도문 같아 보이지는 않았지만, 시집 전체를 휘감고 있는 간절한 마음의 파문은 기도의 자세로 내게 다가왔습니다.

그러니 시인이여, 주문은 분명 그대에게서 시작되어 나에게로 왔습니다. 내 주문의 바람은 그대의 시로 들어가는 것이었는데, 그대의 주문은 누구를 향한, 무엇을 위한 기도입니까?

> 반백 년 쉼 없이 잘근잘근 찍고 갈아내던 이가
> 아팠던 날이 겨우 하루이틀이었을까
> 그때마다 덜 자란 유치가 제때 빠지지 않아 그렇다고 스스로 진단했다
> 자라고 있는 영구치니 잘 달래서 키우겠다고 우기고 버티

기도 했다
　　지금은 분명 사랑니라 말한다

　　있어도 그만 없어도 그만인 사랑니, 발치하면 그만이라 하겠지만
　　들춰내 아프고 싶지 않은 아직 하지 못한 말이다
　　영글지 못한 서툰 이야기다

　　유치도 아닌 사랑니 빠진 곳에 새 이가 나지는 않을 것이다
　　영구치가 아닌 자리에 새 이를 해 넣지도 않을 것이다
　　사랑니가 빠지면 상처가 아물며 시를 쓰겠지
　　새살 나는 간지러운 마음 정도는 고스란히 자라나겠지
　　　　　　　　　　　　　　　—「오래된 사랑니」부분

　그대는 "사랑니를 앓고" 있습니다. 그대는 그것이 "제때 빠지지 않은" "유치"도, "자라고 있는 영구치"도 아니고, "있어도 그만 없어도 그만인", "발치하면 그만"인 사랑니라는 사실을 알고 있습니다. 뽑아버리면 금세 나을 것도 알고 있습니다. 그런데 뽑지 않고 "제 살"을 "곱씹"으며 "우기고 버티고" 있습니다.
　앓아야 하기 때문이겠지요. 앓지 않고는 이 통증의 시간을 건너갈 수 없기 때문이겠지요. 오직 앓는 것만이 그

대의 선택이었겠지요. 그래서 그대는 오랫동안 앓아왔습니다.

사랑니는 "들춰내 아프고 싶지 않은 아직 하지 못한 말"이고 "영글지 못한 서툰 이야기"입니다. 하지만 속내는, 아프더라도 들춰내 하고 싶은 말입니다. 언젠가는 꼭 해야 할 말입니다. 그것은 감추고 싶은 상처이면서 속 시원히 풀어내고 싶은 응어리입니다. 살아오면서 어떻게든 혼자 감당해 내고자 했던 슬픔이나 쓸쓸함 같은 것이겠지요. 또 그것은 별것 아니지만 그래도 말하기 싫은 부끄러움이나 끝내 지키고 싶은 자존심은 아니었을까요.

아니, 그것은 어쩌면 글자 그대로 사랑일지도 모르겠습니다. 집착, 혹은 운명일지도요. 그러니 그대는 사랑니를 사랑니 자체로 받아들입니다. 그래서 그대는 사랑니가 자연스레 빠질 때까지 앓으면서 기다리기로 하죠. 다 아물 때까지 상처를 핥으며 그 상처를 바라보고 느끼고 생각하겠다고 다짐합니다.

상처가 아물 때쯤이면 그대는 상처를 핥고 있다는 것도 잊고, 통증도 잊고, 마침내 상처 자체도 잊게 되겠죠. 그 자리에는 다만 오래된 흉터 같은 기억의 흔적만 남을 겁니다. 그 흔적은 새살이 날 때처럼 간지럽겠죠. 그대가 앓으면서 기다려 온 '새로운 그때', 새로운 마음으로 시를 쓰게 되는 그때가 되면 그대의 몸도 마음도 시의 "새살"로 간지러울 겁니다.

 그대의 오래된 사랑니는 그대가 살아온 삶의 옹이이면서 하고 싶지 않은 말입니다. 동시에 상처 위에 새로 나는 살이면서 꼭 하고 싶은 말-시입니다. 그대가 마지막까지 자신을 위해 놓을 수 없는 것이 바로 시이기 때문입니다. 그것은 집착이자 사랑이고, 고통이자 환희이며, 그대가 앓는 중에도 바라는 단 하나의 궁극입니다.

 그런데 이상하게도 목소리에 힘이 하나도 없어요. 남의 일이나 되는 양 서술어는 "쓰겠지", "자라나겠지"하며 풀이 죽어 있어요. "새 이를 해 넣지도 않을 것"이라면서도 시에 대한 의욕은 거의 느껴지지 않아요. 상처에 압도된 나머지 상처를 마주보겠다는 다짐이 힘을 잃은 것인가요? 그래서 시 쓰는 일이 두려워진 것인가요? 아니면 시를 놓아버리면 좀 편해지지 않을까 하여 시를 한쪽으로 밀어놓아 버린 건가요?

 그대는 지금 다 타들어 간 촛불처럼 시라는 심지의 불꽃만 남아 있는 상태입니다. 말 그대로 소진燒盡되었습니다. 삶의 마지막 이유인 듯 시라는 숨 하나만 겨우 붙어 있습니다.

 그대는 대학생 때 등단했으니 일찍 문단에 나온 편이라

할 수 있습니다. 대학을 졸업한 후에도 다시 공부하고, 밥벌이하고, 결혼하고 아이 셋을 낳고 키우면서 한 10년이 지났지요. 그동안 나는 그대를 잘 만나지 못했고 그대의 시도 보기 어려웠습니다.

그렇게 나도 그대도 각자 삶을 살아가다가 정말 오랜만에 만났습니다. 이렇게 저렇게 지나 온 삼십대의 이야기 끝에 그대가 시에 대해 한 마디 꺼냈지요. 불만스러운 목소리가 힘없이 사그라졌습니다. 나도 그대도 한 단계 뛰어넘어야 했지요. 크게 힘이 되지는 못했겠지만 서로를 위로하며 조금은 쓸쓸히 헤어졌던 것 같아요. 둘 다, 결국은 혼자 쓰는 것만이 길이라는 걸 알고 있었지요.

그대는 많이 지쳐 보였습니다. 고만고만한 살림을 추스르며 하루가 다르게 커가는 아이들 뒤를 종일 종종거리며 쫓아다니느라 한시도 쉴 틈이 없었을 것입니다. 하지만 그대의 뒷모습이 쓸쓸하고 지쳐 보이는 데는 다른 이유가 더 있었지요. "들춰내 아프고 싶지 않은", 하지만 언젠가는 들춰내 심하게 앓아야 할, 오래된 사랑니,

엄마.

시집을 이루고 있는 거의 모든 시에서 나는 눈물 자국을 봅니다. 어떤 시에서는 마른버짐을, 다른 시에서는 허연

소금기를 봅니다. 또 다른 시 앞에서는 채 마르지 않은 눈물 방울이 낮게 흔들리는 걸 봅니다.

먼 기억 속에서 봄날 "리어카에 참꽃 어사화를 씌우고 / 산길을 내려오는 할아버지"(「할아버지 봄날」)를 보고, 할머니를 저승길로 인도하는 듯 타오르던 장작불 앞에서 "체하도록 삼킨 눈물"을 봅니다(「장작 Ⅰ」, 「장작 Ⅱ」). "바람 타는 장꾼 같은" "역마살"(「그 시절 역마살」)을 가진 "아버지 손에 쥐어진 / 농약병을 훔쳐본 새벽"(「산」)을 봅니다. 4월 차가운 바닷물에 아이들을 잃어버리고 바다 위를 하염없이 헤매는 어미들의 통곡과 분노, 표류하는 조각난 가슴(「노랑나비」, 「일곱 번째 4월에게」)을 봅니다. 그리고 다른 어떤 것보다, 누구보다, 엄마를 봅니다.

아비 없는 어린 딸을 찔레 덩굴 아래 그늘에 넣어 두고 가시 박힌 손가락으로 길기도 긴 여름날 밭고랑을 매고 또 매는 '찔레꽃 팔자'를 가진(「찔레꽃 팔자」),

아들을 최전방 부대에 보내놓고 면회 한 번 가지 못하고 손발이 닳도록 일해야 하는(「칠성부대」),

지우려 지우려 해도 쌀을 씻을 때마다 뱃속에 부글부글 차오르는, 헹궈도 헹궈도 뿌옇게 떠오르는(「쌀을 씻으며」),

"종일 땡볕에 / 벌겋게 달아오"르며 일하고도 언제나 "처마 끝 / 가장 밖에 / 마중 나와 있는"(「풍경風磬」),

결코 가 닿을 수 없는 그리움으로 "온종일 단단하게 오래 묶여 있"는(「그리움 반나절」),

품에 안겨 잠든 딸아이의 온기가 따뜻하게 전해질 때 내 가슴에 나지막하게 고맙다고 말씀하시며 단잠을 재워주는(「딸을 안고」),

마음은 서두르지만 늘 늦어버리기 일쑤인 길, "노을이 찬란하고 / 눈이 부시고 / 눈물이 나"는 길의 언덕 위에 계신(「엄마에게 가는 길」).

그리고 "등 뒤의 노을과 자루 가득한 고추와 내게 그늘을 주신", "마음이 온통 붉어서" "추운 겨울도 거뜬히" 지낼 수 있는 '볕'을 주신 어머니를 봅니다.

이처럼 이번 시집의 소재로 가족이 많은 부분을 차지하고 있습니다. 이들 시의 주된 정서는 할머니, 할아버지, 아버지, 그리고 엄마에 대한 그리움입니다. 그들은 모두 하늘로 돌아가셨습니다. 다시 볼 수 없는 사람들이니 그대의 그리움이 얼마나 깊을지 짐작됩니다. 특히 아버지와 엄마, 그 중에서도 엄마에 대한 그리움에는 유독 눈물 자국이 많이 묻어 있습니다. 그러므로 그대가 그렇게도 심하게 앓고 있는 사랑니 하나는 분명 엄마입니다.

연민憐憫이겠지요. 역마살이 낀 남편을 일찍 보내고 어린 자식 셋을 키우기 위해 허리 한 번 펼 날 없이 가시 박힌 손가락으로 밭고랑을 매고 또 매며 살아온 한 여자에 대한 연민.

회한悔恨이겠지요. 고생만 하다 돌아가신 엄마에게 아무것도 해드린 게 없어서, 둘이 함께한 시간이 너무 적어서 느끼는. 암이라고 했던가요. "엄마가 돌아가신 날 / 나는 딸을 낳았다"(「생일」)고 했으니 그대는 어쩌면 어머니 장례식에 가지 못했을 겁니다. 그대의 화장대에는 새로 산 빨간 점퍼를 입고 밝은 표정으로 찍은 엄마 사진이 있지요. 엄마가 처음 제주도에 갔을 때 찍은 사진이에요. 그런데 그때 그대는 동행하지 못했어요. 하루를 열심히 살았지만 그대는 지친 모습으로는 부끄러워서 엄마의 밝은 모습을 볼 수 없다고 했어요(「부끄러운 거다」). 엄마는 쌀을 씻을 때나, 노을이 질 때나, 아들을 볼 때나, 딸을 볼 때나 삶의 순간순간 나타납니다. 이제 번듯이 커서 엄마에게 효도할 수 있게 되었는데, 이제 예쁜 옷도 맛난 음식도 해드리며 조금은 위로해드릴 수 있는데, 이제 엄마를 좀 알 것 같은데…….

인연因緣이지요, 단 한 번뿐인. '찔레꽃 팔자'는 엄마의 팔자이기도 하고 "가시를 두르고 자란 딸"의 팔자이기도 하지요. "뽀얗게 곱디고운" "하얀 꽃"의 팔자는 가시를 숨기기 위해 모질게 호미질을 해야 합니다. 그래서 속내는 온통 피멍이 들었어요. 엄마의 속내이고 그대의 속내이지요. 그러니 그대는 앓을 수밖에 없습니다. 엄마를 다 앓고 나야 엄마를 온전히 보내드릴 수 있으니까요.

"엄마가 돌아가시"고 "딸이 내게로 온" '슬프고 좋은 날'(「생일」), 우연이라면 아주 드물고 특별한 우연입니다.

    엄마가 돌아가신 날
    나는 딸을 낳았다

    엄마를 잃은 몸은
    온 혈관에 거센 물줄기가 요동쳤고
    아이를 얻은 몸은
    물길이 잦아들어 윤슬이 반짝였다
    엄마의 자장가가
    자장자장 잦아들면 요동도 잔잔해졌다

    좋았다
    아기가 옆에 있어서
    슬펐다
    엄마가 옆에 없어서
    그래도 살았다
    아이가 옆에 있어서

오늘 엄마는 떠나고
딸이 내게로 온 날이다
내 옆에 아무도 없던 날이 없었다는 게
눈물나게 감사한 날이다

— 「생일」 전문

아, 이 슬프고 기쁜 눈물을 무엇이라 해야 할까요? 조물주의 야속한 장난이라고 털어버려야 할까요, 인간으로서는 어찌할 수 없는 운명이라 해야 할까요. 받아들일 수밖에 없지만 받아들이고 싶지 않은 이 헤어짐-만남은 얄궂기만 합니다.

그러나 삶은 또 이어져야 하므로, 어쩌면 엄마가 그대의 딸로 돌아오신 건 아닐까 생각합니다. 그래서일까, 그대도 이 불가해한 순간에 "눈물나게 감사하"고 있습니다. 이제 '생일'은 그대 딸의 생일이면서 엄마의 생일이 되었습니다. 이렇게 그대는 엄마를 온전히 보내드릴 수 있게 된 것이 아니겠습니까. 때가 되어 사랑니 하나 뽑혀 나갑니다.

엄마가 빠져나가고 난 뒤 그대에게는 현실이 남았습니다. 아이들의 엄마로, 남편의 아내로, 그리고 누구의 무엇이 아닌 자신으로 살아가야 할 현실, 또 하나의 사랑니.

아이들을 기르는 일상에서 느끼고 생각한 것들이 소재

가 된 시들은 엄마의 사랑으로 가득 차 있으니 여기서 더 말할 필요 없겠지요. "농사를 짓기 위해 예의를 지키는 사람"(「대지에 대한 예우」)으로서 남편을 존경하고 걱정하고 사랑하는 마음(「하늘 농부」, 「흙의 발」, 「백련이 필 때」, 「녹아내리는 날」)도 그렇구요. "펴질 줄 모르는 살림"에 대한 걱정도 비슷비슷한 처지이니 군말 더해 뭐하겠습니까. 이제 남은 하나의 사랑니는 '박희선'입니다.

> 어릴 적 장날, 읍내에서 운동화를 사면
> 꼭 한 치수는 큰 걸 사야 했다
> 한 치는 넉넉해야 하는 마음
> 한두 살은 더 어른스러워야 했기에
> 자주 나잇값 못하고 헐떡이며 넘어지곤 했다
> 그래도 남아도는 속이 깊었다
> ―「나잇값 하는 신발」부분

결핍은 불안의 원인이 되기도 합니다. 그러나 결핍한 상황을 받아들이게 되면 마음이 성숙하기도 하지요. 그런 아이들을 조숙早熟하다 합니다. 우리가 자랄 때 시골 사람들 살림살이 어려운 건 매일반이었지요. 나도 친구들도 고무신이든 운동화든 꼭 한 치수 크게 사고, 집안일과 부모님 농사를 도와야 했지요. 어렸지만 어른스러워야 했던 때였습니다. 이제 아이들 키우다 보니 나이에 맞지 않게 어른스러운 아이들이 안쓰러울 때가 많습니다. "남아도는 속이 깊었"던 "나잇값 하는 신발"이 짠하게 스며듭니다. 그리고 딱 맞는 신발을 신는 어른이 되어서 나잇값 못 하는 것 같아 부끄러울 뿐이에요.

결핍은 어떤 식으로든 얼룩을 남기기 마련입니다. 나이보다 속이 깊었던 그대의 유년 시절에도 얼룩이 남았을 것입니다. 넉넉지 않은 집안 형편과 아버지의 죽음, 엄마의 고생으로 이어지는 유년기-청소년기, 그리고 맞닥뜨린 엄마의 죽음과 책임져야 할 현실, 어느 것 하나 만만한 게 없습니다.

세상은 "검은 타이어로 물벼락 세례를 내리"며 "좀더 어두운 틈으로 비켜서라고" "천둥소리"를 키우거나(「비」), 가을에 때 아닌 철쭉이 핀 것처럼 미망迷妄이어서 두렵습니다(「가을 안개 그리고 철쭉」). 그대는 "밝은 대낮에도 / 몸보다 마음이 먼저 넘어지곤" 합니다(「시절 이야기」). 자꾸 넘어지면 흙도 묻고 긁히고 찢겨 얼룩질 수밖에 없습니다. 하지만 그대는 그것을 받아들이지 못하죠.

오늘도 나의 하루는 어디에도 얼룩을 남길 수 없다. 옷은 깨끗하고 단정해야 한다. 어느새 코앞까지 걸어온 가을바람에, 걸음을 멈추라는 낙엽에, 퇴근길 길게 드리워준 노을에도 섣불리 옷자락을 내주어서는 안 된다. 생각을 들키고 싶지 않다.

—「얼룩의 두 얼굴」 부분

"들키고 싶지 않"으니까요. '찔레꽃 팔자'를 물려받은 딸은 "평생 고집스럽게 정갈하고 고"운 엄마처럼 얼룩을 남기고 싶지 않고, 자신의 속내를 들키고 싶지 않았으니까요. 그래서 딸은 스스로를 "채근하며", "나를 몰아 여기까지 왔습니다"(「주마등」). 그렇게 채찍질하며 살아왔으니 상처 안 났을 리 없으며, 얼룩 남지 않았을 리 만무합니다.

그대가 이것을 몰랐을 리 없지요. 그럼에도 달리는 말을 세우거나 말에서 뛰어내리지 않은 이유는 무엇인가요? 시간이 필요했을까요? 그래요 충분히 그리워하고 충분히 울어야 했을 거예요. 울지 않으면 안 되는 때는 울면서 건너야 하지요. 울면서 눈물의 깊이[수심, 水深]를 들여다 보아야 하지요. 멈춰 서서 수심愁心을 헤아려 주어야만 다 별거 아니게 되지요(「수심을 헤아리는 시간」).

이제, 눈물을 닦고 일어나 옷을 털고 자신에게 말합니다. 자신의 말을 합니다. 더 이상 "그늘 속으로 숨어 / 형체도 없이 살지는 않으려고요 / 어머니"(「그림자」) 하고 선언합니다.

손금이 말했다
우여곡절이 많았고
시집은 갔고
오래는 살겠어

손금이 말했다
돈벼락은 없어
유령이 다리가 없듯이
실체 없는 그런 건 없어

손금이 말했다
길 위에 있을 때만 미래가 있어
불안하지만 어떻게든 걸어가는 거야

손바닥에서 내려가
땅을 밟고 걸어가
뒤뚱거려도 땅을 밟고

―「손금이 말했다」 전문

 이렇게 그대는 여기에 왔습니다. 이제 그대는 할아버지를, 할머니를, 아버지를, 그리고 엄마를 보내드리게 되었습니다. 여기에 한 치수 큰 신발 때문에 헐떡이며 넘어지곤 했던 유년기와 청년기도 함께 보내주게 되었습니다. 그 오래된 사랑니가 시나브로 뽑혀 나가고 있습니다.

하여 그대는 자신에게 말합니다. "땅을 밟고 걸어가"라고, "뒤뚱거려도 땅을 밟고" 가라고. 멈춰 서서 수심愁心을 헤아리면서 넘어진 마음을 어루만져 일으켜 세워 뒤뚱거리면서라도 자기의 길을 가라고 합니다. 그리고 비로소 그대의 시도 "나만 보는 일기장의 거짓"(「거짓말」)이 아닌, '내 시의 길'로 나섭니다.

아니무스. 돌고 돌아 처음까지 오게 되었습니다. 이제 주문의 숨은 뜻을 조금이나마 풀 수 있을 것 같습니다.

> 나는 일곱 번째 딸도 아니었어
> 그저 외딸에 막내딸일 뿐이었어
> 엄마가 이만큼 고생하여 이만큼 왔으니
> 내가 저만큼 고생하여 저만큼 가야 하는 건 아니었지
>
> 그저 약수가 필요했어
> 죽음이 목전인 그에게 약수가 필요하다는 걸
> 그 누가 가르쳐주지는 않았어
> 삼 년이 흐르고 아이 셋을 얻고 또 삼 년이 지나니
> 또 막다른 길이 있었지

그래도 한 방울 한 방울 또 삼 년 만에
약수를 구하기는 했어
죽었던 그가 구 년간 모은 약수 한 모금에
삼백예순 관절이 살아났지 뭐야

그 누구도 강요하지 않았어
내가 한 거야
저만큼 고생하여 이만큼 왔지
이만치에도 저만치에도
엄마는 없고 딸도 없지 뭐야

이제사 나는 오구신이 되어
서천 꽃밭 엄마에게 가야겠어

— 「아니무스」 전문

　「아니무스」는 표제시이면서, 시집에 첫 번째로 실려서 서시序詩의 역할을 합니다. 시집에 실린 시 전체의 방향을 가늠해볼 수 있는 좌표로 볼 수 있습니다. 어쩌면 이 시는 다른 시보다 늦게 쓰였을 것 같습니다. '내 시의 길'을 가겠다는 시인의 의지가 담겨 있기 때문입니다. 여기서 나는 이 시를 자세히 살펴보아야겠습니다. 시의 해석이자 시집 전체에 대한 해석이 아닐까 싶습니다. 내 추측이 맞다면,

그대는 이 시로써 지금까지의 시쓰기를 정리하고 새로운 시의 길로 나갈 것입니다. 하여 나는 이 시에 대한 해석으로써 이 글을 끝맺고자 합니다.

시인은 이 시에서 바리데기 신화의 여행과 재생 모티프를 빌려와 자신의 의도에 맞게 변용하였다. 시인은 바리데기 신화를 빌려 자기 이야기를 하고 있다. 왜 바로 말하지 않고 다른 사람의 이야기처럼 말하는가?

사람들이 다 알고 있는 신화를 표면에 내세우고 자신의 이야기를 뒤로 숨기는 방식이 새로울 것은 없지만 숨은 뜻을 밝혀내기는 쉽지 않다. 정작 하고 싶은 말을 숨기고 비틀기 때문이다. 이 시가 그렇다. 더욱이 이 시는 두 번이나 비틀었다. 제목으로 칼 구스타프 융C. G. Jung의 분석심리학 용어인 아니무스animus를 사용하여 한 번, 바리데기 신화로 또 한 번. 시인은 이렇게 비틀어 숨기는 방법으로 자신은 속내를 시원히 털어놓으면서도 남에게는 속내를 들키지 않으려 했다. 의도한 바인지 알 수 없으나 그것과 상관없이, 이 시는 결국 독자에게 시를 이해하는 데 방해하는(독자에게 들키지 않으려는) 효과로 작용한다.

아니무스. 정신의학과 심리학에서 주로 쓰이고 (문학)비평에서 종종 쓰이는 이 말은 전문용어라 일반인에게는 다소 생소하다. 그럼에도 이 낱말이 표제시의 제목으로 쓰일 만큼 핵심어인 것만은 확실하고, 이 시를 이해하는 실마리가 될 것이다.

아니무스의 간단한 사전적 의미는 '여성의 무의식에 들어 있는 남성성'이다. 그러므로 이 시는 무의식, 또는 밖으로 드러나지 않은 마음, 혹은 억압된 마음 정도로 풀어볼 수 있다. 정신의학이나 심리학에서는 여성에게 아니무스가 적절히 발현될 때 여성은 더 주체적이고 이성적이고, 개성화한다고 말한다. 아니무스는 여성이 자아를 발견하고 실현하는 데 매우 필요한 요소라고 할 수 있다.

「아니무스」는 다른 사람에게 이야기하는 말투로 "나는 일곱 번째 딸도 아니었어"하며 시작한다. 별것 아닌 척하며 바리데기 신화를 슬쩍 끼워 넣었다. 이어서 아무것도 아니라는 듯 "그저 외딸에 막내딸일 뿐이었어"하고 내뱉는다. 퉁명스럽게 들리기도 한다. 시인은 말투로는 딴청을 피우면서 "나"를 바리데기에 투영하였다.

그런데 그 뒤로 바리데기 신화와는 다른 내용이 이어진다. "엄마가 이만큼 고생하여 이만큼 왔으니 / 내가 저만큼 고생하여 저만큼 가야 하는 건 아니었지"라고. "나"의 고생이 "엄마"의 고생에 대한 당위적 성격을 갖는 것이 아니라는 뜻이다.

　이 두 행의 뒷말은 제2연을 건너뛰고 제3연에서 이어진다. "내가" "저만큼 고생하여 이만큼 온" 것은 그 누구의 강요도 아니고, "엄마"의 고생에 대한 당위성을 띈 것도 아니고, 오롯이 "나"의 선택과 의지였다는 것을 단호하게 말하고 있다. 화자는 "나"의 삶이 고생스러웠으나 그 삶을 "내"가 선택하고 살아왔다고 말하고 있다.

　그렇다면 "내가" 한 "저만큼 고생"은 무엇인가?

　제2연은 "그저 약수가 필요했어"로 시작한다. 시에 드러나지는 않지만 (숨은)화자는 '나'이다. '나'는 "죽음이 목전인 그에게 약수가 필요하다는 걸" 알고 구 년 동안 약수를 모은다. 그 사이에 "아이 셋을 얻고" "막다른 길"에 닿기도 했다. 그러한 "고생" 끝에 얻은 약수로 "죽었던 그가" "삼백예순 관절이 살아났"다.

　제2연의 기본 골격은 바리데기 신화지만 실제 내용은 "나"의 이야기다. 여기서 중요한 것은 "그"의 정체다. "죽음이 목전인 그", "죽었던 그"는 누구인가? 그리고 "삼백예순 관절이 살아난" '그'는 누구인가? 결론부터 말하자면 "그"와 '그'는 모두 "나"다.

　앞에서 나는 「아니무스」가 분석심리학 용어인 아니무스와 바리데기 신화가 이중으로 차용되었다고 했다. "그"와 '그'의 정체를 밝히기 위해 이 둘을 상기한다.

제2연의 내용은 바리데기 신화의 여행과 재생 모티프와 연관된다. 약수를 구하기 위해 바리데기가 저승까지 갔다 오면서 맞닥뜨리는 여러 난관이 시에서는 아이 셋과 막다른 길로 압축·변용되었다. 바리데기가 오구신으로 좌정할 수 있었던 것은 약수를 구하기 위해 이승의 사람이 저승에 다녀왔기 때문이다. 저승에 가기 전과 다녀온 후의 바리데기는 같은 대상으로 여길 수는 있으나 격이 다르다. 가기 전의 바리데기는 인간의 격이라고 한다면 다녀온 후의 바리데기는 신의 격에 올랐다고 볼 수 있다. 오구신이 된 것이다.

이러한 격의 변화를 시에 적용해볼 수 있다. 제2연에서 약수를 구하기 전의 "나"와, 약수를 구해 와서 "죽었던 그"를 살려냈을 때의 '나'는 다르다. 약수를 구하기 전의 "나"는 제1연에 등장한 "외딸에 막내딸"이다. 약수를 구해 온 후 "죽었던 그"를 살려낸 '나'는 "외딸에 막내딸"이면서도 아니다. 격이 달라졌기 때문이다. 이때의 '나'는 제4연에서 '오구신이 되'는 "나"이기 때문이다. 이러한 격의 변화는 제3연에서 확실해진다.

제3연의 제1행~제3행까지는 자신의 삶이 자신의 선택이라는 것을 강조한 내용이다. 제4행과 제5행이 중요하다. "이만치에도 저만치에도 / 엄마는 없고 딸도 없"다고 했다. 엄마의 부재는 제4연에서 "서천 꽃밭"으로

확인된다. 엄마는 죽어서(부재) 저승에 있다.

딸의 부재는 어떻게 설명할 수 있을까? 제3연의, "이만치에 저만치에도" '없는 딸'은 제1연의 "외딸에 막내딸"이며, 제2연의 "죽음이 목전인 그"이며, "죽었던 그"이고, 구 년 동안 아이 셋을 낳고 막다른 길까지 가서 약수를 모아 와 "죽었던 그"를 살려 낸 '나'다. 제4연에서 "오구신"이 되는 "나"다.

단순화하면, 제1연의 "나"는 "외딸에 막내딸"인 여성이다. 제2연 숨은 화자인 '나'와 제3, 4연의 "나"는 제1연 "나"의 아니무스가 발현된 "나"다.

제2연의 "그" 역시 아니무스가 발현된 "나"다. "나"를 "그"로 다르게 부른 이유는 시인의 시선이 '자아self'로 향해 있기 때문이다. 무의식에 갇혀 있는, 사회적으로 억압된 아니무스를 불러내고 있기 때문이다.

자기 삶에 대한 주체적이고 적극적인 태도는 우리 전통 사회가 강요했던 수동적 이미지의 여성성과는 다르다. 이 시에는 보호 속에서 자란 "외딸에 막내딸"인 자신의 삶을 부모에게 맡기지 않고, 스스로 개척해 나가겠다는 의지가 강하게 드러났다. 이는 "외딸에 막내딸"인 "나"의 무의식에 있던 아니무스가 발현된 것으로 해석할 수 있다. 아니무스의 발현으로 이전의 "나"는 죽는다. 그리고 새로운 "나"로 살아난다. 재생再生이다. 이 재생의 과정에 "막다른 길"까지 가서 '죽은 나'를 살려 낸 "나"가 있다. 다시 살아난, 혹은 새로 태어난 "나"는 "외딸에 막내딸"이면서도 보다 적극적이고 주체적으로 '나의 삶'을 살 것이고 '나의 시'를 쓸 것이다. 재생은 전복 혹은 혁명으로 시작된다. 그 시작을 알리는 시가 「아니무스」다.

시인이여, 느지막이 첫 시집을 묶어내기까지 혼자 많이 울었겠지요? 조금씩 넘치거나 모자라서 삐걱거리는 행간에 그 울음의 얼룩이 남았습니다. 찔레꽃 가시 그늘을 헤쳐 나오느라고 생긴 것이니 나, 그 청춘에 위로의 말을 전합니다. 그대가 땅을 밟고 뒤뚱거리면서도 즐겁게 걸어갈 시의 길을 응원하겠습니다.

아니무스, 저기 하얀 찔레꽃 한 무더기 피어납니다.

아니무스 아니무스

2023년 11월 30일 초판 1쇄 발행

지은이 박희선
펴낸이 유정환
펴낸곳 도서출판 고두미
        등록 2001년 5월 22일(제2001-000011호)
        충북 청주시 상당구 꽃산서로8번길 90
        Tel. 043-257-2224 / Fax. 070-7016-0823
        E-mail. godumi@naver.com

ⓒ박희선, 2023
ISBN 979-11-91306-48-4   03810

※ 이 책은 충청북도, 충북문화재단의 후원을 받아 예술창작활동
   지원사업의 일환으로 발간되었습니다.
※ 책값은 뒤표지에 표시하였습니다.
※ 잘못 된 책은 구입한 곳에서 바꾸어 드립니다.